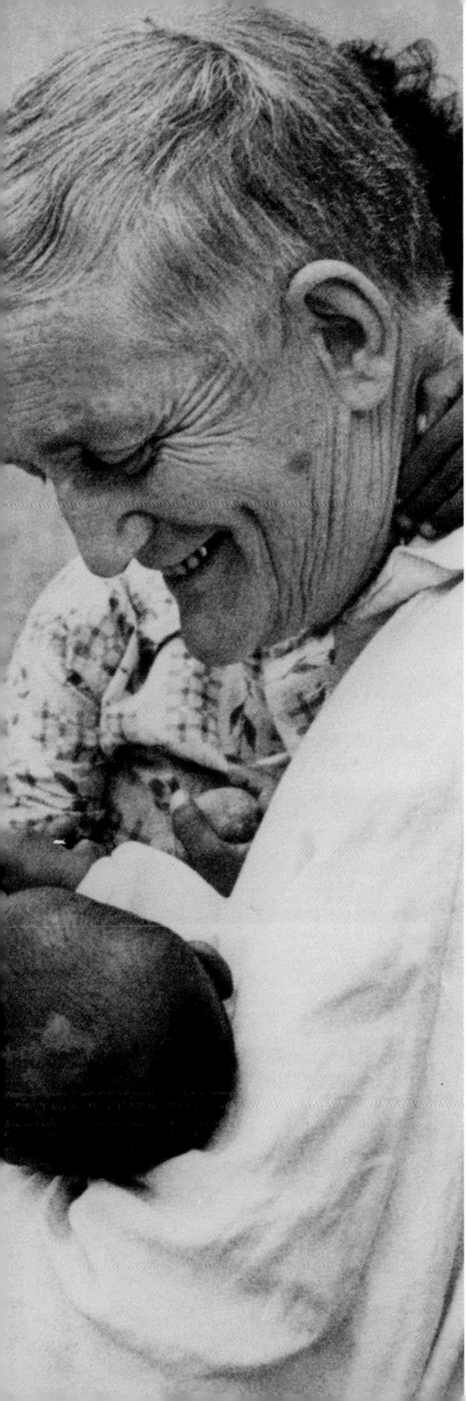

Mutter Teresa bei einem Treffen mit dem Gründer der ökumenischen Bruderschaft von Taizé, Frère Roger Schutz. Bei der Seligsprechung für Mutter Teresa erinnert er sich: „Im Sommer 1976 besuchte Mutter Teresa Taizé. Unser Hügel war voller Jugendlicher aus zahlreichen Ländern. Gemeinsam schrieben wir ein Gebet: ‚Gott, Vater jedes Menschen, du bittest alle, Liebe dorthin zu tragen, wo Arme erniedrigt werden, Versöhnung dorthin, wo die Menschen uneins sind, Freude dorthin, wo die Kirche erschüttert ist ... Du bahnst uns diesen Weg, damit wir Sauerteig der Gemeinschaft in der ganzen Menschheitsfamilie sind.'"

Mutter Teresa bei einer Andacht mit dem damaligen Münchner Erzbischof und Kardinal Joseph Ratzinger beim 85. Deutschen Katholikentag 1978 in Freiburg. 1986 treffen die beiden erneut in Rom aufeinander. Mutter Teresa sagt später über die Begegnung mit Kardinal Ratzinger: „Was für ein demütiger Mann!“

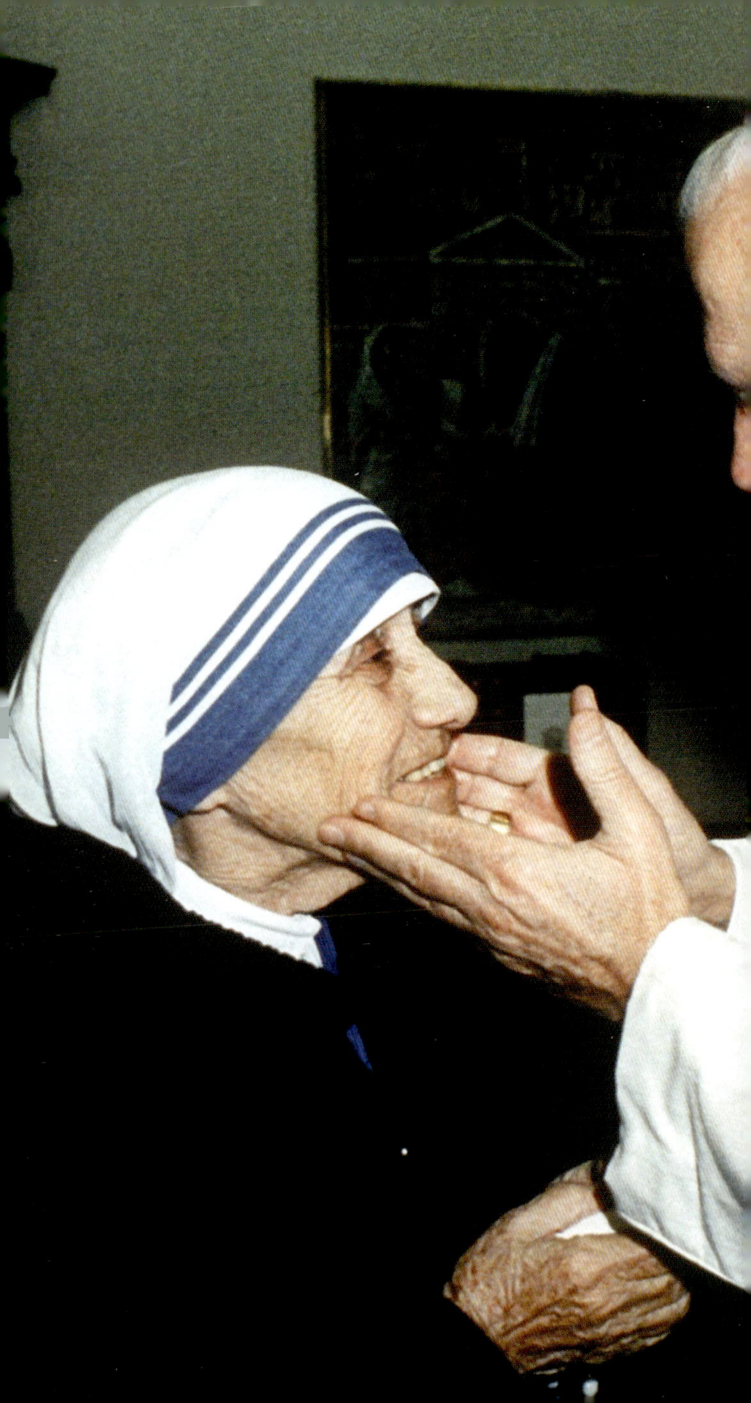

Der glücklichste Tag in ihrem Leben, so Mutter Teresa, sei der 3. Februar 1986 gewesen, als Papst Johannes Paul II. sie während seiner apostolischen Reise nach Indien in ihrem „Haus der Sterbenden“ besuchte. Beim Anblick der sterbenden Menschen traten dem Papst die Tränen in die Augen. Er segnete die Leprakranken, und bevor er den Saal verließ, nahm er Mutter Teresas Gesicht in die Hände und küsste sie auf die Stirn. In einem der kürzesten Seligsprechungsprozesse der jüngeren Kirchengeschichte wurde Mutter Teresa am 19. Oktober 2003 von Johannes Paul II. seliggesprochen.

Im Jahr 1992 besucht die englische Prinzessin Diana Mutter Teresa in Kalkutta. 1997 treffen sich die beiden Frauen in einer Einrichtung für Notleidende im New Yorker Stadtteil Bronx erneut. Nur wenige Wochen später stirbt die Prinzessin, eine große Bewunderin der Ordensfrau aus Kalkutta, bei einem tragischen Autounfall. „Diana sorgte sich sehr um die Armen, deshalb war sie mir so nahe“, so Mutter Teresa.

Mutter Teresa

# Was zählt, ist das Herz

Liebe Heidi,
ein Exemplar
ganz für Dich!
Danke,
9. IX 2015
Dein Fry.

REINHARD ABELN

# Mutter Teresa

## Was zählt, ist das Herz

ERINNERUNGEN & ANEKDOTEN

benno

Fotonachweis:
Cover: © epd-bild/AP
Bildteil:
1, 2, 3, 5 © KNA-Bild
4 © picture-alliance/dpa

Bibliografische Information der Deutschen Nationalbibliothek
Die Deutsche Nationalbibliothek verzeichnet diese Publikation in der Deutschen Nationalbibliografie; detaillierte bibliografische Daten sind im Internet über http://dnb.d-nb.de abrufbar.

**Besuchen Sie uns im Internet:**
**www.st-benno.de**

Gern informieren wir Sie unverbindlich und aktuell
auch in unserem Newsletter zum Verlagsprogramm,
zu Neuerscheinungen und Aktionen.
Einfach anmelden unter www.st-benno.de.

ISBN 978-3-7462-3776-3


Umschlaggestaltung: Ulrike Vetter, Leipzig
Gesamtherstellung: Kontext, Lemsel (A)

## *Inhalt*

Jesus hat uns in diese Welt gesandt,
um seine Liebe und sein Mitleid zu sein.

Mutter Teresa

## *Ein Wort zuvor*

Engel der Armen" oder „Mutter der Barmherzigkeit" wird sie liebevoll genannt – die einfache und weltbekannte Ordensfrau Mutter Teresa. Unzähligen armen, kranken und unerwünschten Menschen wurde sie ein hilfreicher Engel. In jedem Menschen sah sie Jesus, in dessen Dienst sie ihr ganzes Leben stellte. „Was ihr den Armen, Hungernden, Ausgestoßenen und Kranken antut, das tut ihr Jesus an", pflegte sie zu sagen.

In den Augen aller Menschen, die Mutter Teresa gekannt haben, gab es nie einen Zweifel: „Wir sind einer Heiligen begegnet." Jeder, der mit ihr zusammentraf, verspürte ihre Liebe und Güte und war berührt von ihrer tiefen Einfachheit und Frömmigkeit. Mutter Teresa gab ein Zeugnis wahrer Jesusnachfolge. Ihre „Theologie" war ebenso einfach wie überzeugend: „Christentum ist Nächstenliebe – Geben, abgeben, teilen. Das ist alles."

Wer war diese großartige Frau? Am 26. August 1910 wurde Agnes Gonxha Bojaxhiu als Tochter albanischer Eltern in Skopje, der heutigen Hauptstadt Mazedoniens, geboren. Mit 18 Jahren verließ sie ihre Heimat, trat der Kongregation irischer Loreto-Schwestern („Englische Fräulein") bei und nahm – in Anlehnung an die heilige Theresia von Lisieux, die zeitlebens ihre Lieblingsheilige war – den Namen Teresa an.

Am 24. Mai 1931 legte sie ihre Profess ab und sagte, dass sie an diesem Tage „überglücklich“ gewesen sei. Etliche Jahre wirkte Schwester Teresa als Lehrerin an einem Internat für wohlhabende Töchter, zeitweise als Rektorin der Schule. Sie war eine sehr beliebte Lehrerin und wurde von den Schülerinnen damals schon „Mutter Teresa“ genannt.

Auf einer Zugfahrt durch Indien (von Kalkutta nach Darjeeling) vernahm sie am 10. September 1946 die Stimme Gottes, die ihr befahl, ihr Kloster zu verlassen und den Armen zu helfen. Von Papst Pius XII. erhielt sie die gewünschte Erlaubnis, in die Slums von Kalkutta zu gehen und Jesu Liebe zu den Armen, Kranken und Sterbenden zu bringen. Im Anfang galt ihre besondere Fürsorge armen und verlassenen Slum-Kindern, denen sie Lesen und Schreiben beibrachte und für die sie eine erste Schule eröffnete.

Im Jahr 1950 gründete Mutter Teresa in Kalkutta den Orden der „Missionarinnen der Nächstenliebe“. Sie errichtete zahlreiche Häuser in und außerhalb Indiens, um darin mit ihren Schwestern Kranke, Hungrige, Sterbende, Obdachlose, Behinderte und Unerwünschte zu versorgen. Unermüdlich war sie unterwegs, um für ihre Armen Geld zu sammeln und den Menschen ihre Botschaft von der Liebe und Güte Gottes zu überbringen.

Mit allen ihr zur Verfügung stehenden Mitteln

kämpfte Mutter Teresa gegen die Abtreibung. „Tötet die kleinen Wesen nicht“, sagte sie immer wieder, „gebt sie mir!“ Sie sah in der Abtreibung die größte Gefahr für den Frieden: „Wir reden vom Frieden ... Aber nach meiner Überzeugung ist heute der größte Zerstörer des Friedens die Abtreibung, denn sie ist ein direkter Krieg, ein direktes Töten, ein direkter Mord durch die Mutter selbst ... Das ungeborene Kind ist in die Hand Gottes eingeschrieben.“

Mutter Teresa erhielt für ihren Dienst der Liebe und Fürsorge weltweit 124 Auszeichnungen, darunter im Jahr 1979 den Friedensnobelpreis. Doch die vielen Ehrungen bedeuteten der einfachen Ordensfrau persönlich sehr wenig. „Ich bin ein Nichts“, sagte sie wiederholt in ihren Ansprachen, „ich bin nur ein Werkzeug in den Händen Gottes. Deshalb sollt ihr nicht von mir sprechen, sondern von dem Werk, zu dem mich der Herr berufen hat.“

Am 5. September 1997 starb Mutter Teresa – wenige Tage nach ihrem 87. Geburtstag – an einer Herzattacke. Es war kurz nach dem Unfalltod der englischen Prinzessin Diana, der sie sehr verbunden war. Den Tod hatte sie nie gefürchtet. „Ich habe den Tod“, war eines ihrer Worte, „mein ganzes Leben lang gesehen. Niemand um mich herum starb schlecht.“ Hunderttausende, darunter viele Arme,

nahmen an den Begräbnisfeierlichkeiten am 13. September Abschied von der großen Ordensfrau.
„Was zählt, ist das Herz", stand als Motto über dem Leben und Wirken Mutter Teresas. Sie hatte ein Herz für alle ihr anvertrauten Armen, Einsamen und Kranken. Sie stellte sich mit ihren Schwestern ganz in ihren Dienst, umsorgte und pflegte sie. Mutter Teresa war herz-haft und herz-lich zugleich. Sie wusste um die Wahrheit des afrikanischen Sprichwortes: „Die beste Medizin für den Menschen ist der Mensch." Ihr großes Vorbild war Jesus, der ein besonderes Herz für alle hatte, die von der Gesellschaft verachtet und gemieden wurden.
Als Geheimnis ihres kraftvollen Wirkens nannte Mutter Teresa immer wieder das Gebet. Das Gebet am Morgen, am Abend und in jeder freien Minute des Tages durchdrang ihren selbstlosen Dienst an den „Ärmsten der Armen". „Ohne Gebet", sagte sie, „könnte ich nicht einmal eine halbe Stunde lang arbeiten. Ich erhalte meine Kraft von Gott durch das Gebet. Was das Blut für den Körper ist, das ist das Gebet für die Seele." Man sah die Ordensfrau nie ohne ihren Rosenkranz.
Fast 5000 Schwestern (und 500 Brüder) in 130 Ländern der Erde führen heute die Arbeit Mutter Teresas weiter. Papst Johannes Paul II. sprach die kleine, runzlige Ordensfrau im weißen Sari mit den drei blauen Streifen am 19. Oktober 2003 se-

lig. Vor Hunderttausenden auf dem Petersplatz in Rom nannte er sie „eine der bedeutendsten Persönlichkeiten unserer Zeit“. Auf ihrem Grab im Erdgeschoss des Mutterhauses der „Missionarinnen der Nächstenliebe“ in Kalkutta stehen die Worte aus dem 15. Kapitel des Johannesevangeliums: „Liebt einander, so wie ich euch geliebt habe.“

Die für dieses Buch ausgewählten kleinen Anekdoten und Episoden aus dem Leben Mutter Teresas erzählen von ihrem selbstlosen Dienst für die Ärmsten unter den Menschen. Sie laden jeden von uns ein, in unserem Leben – ein wenig wie Mutter Teresa – zu „Boten der (göttlichen) Liebe“ zu werden, zu einem „Bleistift Gottes“, durch den Er seine Liebe auch heute erfahrbar werden lässt.

*Reinhard Abeln*

# Kapitel I

# Auf die Liebe kommt es an

Nimm dir Zeit
für Werke der Nächstenliebe.
Sie sind der Schlüssel
zum Himmel.

Mutter Teresa

## *Die Wärme einer menschlichen Hand*

Eines Tages ging Mutter Teresa durch die Straßen Londons. Da saß am Straßenrand ein Mann, gekrümmt vor lauter Einsamkeit. Mutter Teresa ging zu ihm hin, schüttelte seine Hand und fragte ihn, wie es ihm ginge.
Der Mann setzte sich auf und erwiderte ihr: „Oh, nach langer, langer Zeit fühle ich die Wärme einer menschlichen Hand. Nach langer, langer Zeit!“
Mutter Teresa sah, wie Freude in seinen Augen aufleuchtete. Der Mann spürte, dass da jemand war, der ihm Liebe entgegenbrachte. Etwas, was er seit langer Zeit sehnlichst vermisst hatte.

## *Einfach da sein*

Im Jahre 1979 wollte Mutter Teresa eine Niederlassung ihres Ordens der „Missionarinnen der Nächstenliebe“ in Essen gründen. Dabei wurde sie von Journalisten gefragt, was sie und ihre Schwestern in einer Großstadt wie Essen tun wollten.
Mutter Teresas Antwort war ebenso einfach wie überzeugend: „Einfach da sein, zunächst einmal. Nichts anderes tun, wie ich es in New York, Rom

und Kalkutta auch gemacht habe. Im Anfang glaubte ich, Menschen bekehren zu müssen. Inzwischen habe ich gelernt, dass es meine Aufgabe ist zu lieben. Und die Liebe bekehrt, wen sie will ..."

## *Kein Kind darf ohne Liebe sterben*

Jedes Kind war für Mutter Teresa ein wunderbares Geschenk Gottes. Einst vertraute sie in Kalkutta ein sterbendes Kind einer Schwester an und gab ihr die Anweisung, es besonders zu umsorgen. Die Schwester schenkte dem Kind ihre Liebe und Zuneigung, als ob es der kleine Jesus wäre. Das Kind genoss ihre wärmenden Arme, ihre Schlaflieder und ihre liebliche, trostspendende Stimme. Am Abend tat es seinen letzten Atemzug. „Mein Ziel ist", sagte Mutter Teresa, „dass kein einziges Kind ohne Liebe stirbt."

## *Alle schauen in Richtung Tür*

Einst besuchte Mutter Teresa ein Altersheim, in dem viele alte Menschen lebten, die von ihren Kindern dorthin gebracht und dann von ihnen ver-

gessen worden waren. Ihr fiel auf, dass die Alten, die in diesem Heim alles hatten, was sie brauchten, jeden Tag zur Tür schauten.
„Warum lächeln sie nicht?“, fragte sich Mutter Teresa. „Warum sehen sie immerzu in Richtung Tür?“ Ihre Antwort war eindeutig: „Sie sind stets in Erwartung. Sie hoffen, dass ein Sohn oder eine Tochter kommen wird, um sie zu besuchen. Die alten Eltern sind verletzt, dass sie vergessen wurden. Ohne Liebe können sie in ihrer Einsamkeit nicht leben, nicht über-leben.“

## *Alle brauchen Gottes Barmherzigkeit*

Mutter Teresa wollte allen Menschen helfen, niemanden beschuldigen oder verurteilen. Ihre Liebe kannte keine Grenzen. Als sie einmal gefragt wurde, ob die Aidsepidemie nicht eine Folge der Sünde oder eine Strafe Gottes für die Sünde sei, blickte sie den Fragenden erstaunt an und sagte: „Ich, Mutter Teresa, bin eine Sünderin. Wir alle sind Sünder. Und wir alle brauchen Gottes Barmherzigkeit.“

## *Wonach uns Gott fragen wird*

Einmal wurde Mutter Teresa gefragt, wie es wohl im Himmel sein werde und wonach jeder von uns am Ende der Zeiten von Gott beurteilt werde. Darauf antwortete die Ordensfrau: „Ich weiß nicht, wie es im Himmel sein wird. Aber ich glaube, dass uns Gott, wenn wir einmal von ihm gerichtet werden, nicht danach fragt, wie viel gute Dinge wir in unserem Leben getan haben, sondern nur, mit wie viel Liebe wir sie getan haben."

## *Imstande sein zu lieben*

Ein Priester wurde zum Bischof ernannt. Er hatte Angst vor der Schwere dieser Aufgabe und bat Mutter Teresa, ihn zu trösten. Die Ordensfrau sagte zu ihm: „Wenn Sie Ihre neue Aufgabe nicht lieben, werden Sie niemals imstande sein, den Ihnen anvertrauten Menschen Jesus zu schenken." Gestärkt durch diese Worte, sagte er bei der Bischofsweihe den Leuten: „Ich bin froh und glücklich, euer Bischof zu sein!"

## *„Mein Bruder – meine Schwester“*

In China wurde Mutter Teresa gefragt: „Wer ist ein Kommunist für Sie?“ Ihre Antwort lautete: „Ein Kind Gottes, mein Bruder, meine Schwester.“ Und sie fügte noch eine Begründung hinzu: „Weil dieselbe Hand Gottes ihn und mich geschaffen hat“.

## *Eine zweite Mama*

Bereits vor ihrer Tätigkeit in den Slums von Kalkutta hatte Mutter Teresa ein „unvergessliches“ Erlebnis. Ein Mann kam mit einem Bündel in den Schwesternkonvent, aus dem zwei dürre „Stecken“ herausragten. Bestürzt musste die Ordensfrau feststellen, dass es die Beine eines schwachen und blinden Kindes waren, das im Sterben lag.
Mutter Teresa berichtete: „Der Mann hatte Angst, dass wir das Kind nicht aufnehmen würden. Er sagte uns, dass er es in diesem Fall irgendwo ablegen würde. Die Schakale würden es bestimmt nicht verachten.“
Mutter Teresa fühlte einen Stich im Herzen. Sie nahm das Kleine in die Arme und wickelte es in ihre Schürze. Es hatte eine zweite Mama gefunden.

## *Liebe über den Tod hinaus*

Ein Mann kam in Kalkutta zu Mutter Teresa und erzählte ihr von seinem Kummer. Seine Frau war vor einiger Zeit gestorben. Er vermisste sie, weil sie einander so sehr geliebt hatten. Mutter Teresa tröstete ihn: „Ihre Frau war eine so wunderbare Frau. Sie war zeitlebens in Ihrem Herzen. Jetzt ist sie zu Gott gegangen, also muss sie auch dort im Himmel in Ihrem Herzen sein." Der Mann bat Mutter Teresa, es ihm noch einmal zu sagen. Dann kehrte er glücklich und zufrieden nach Hause zurück.

# Kapitel 2

# Gottes Liebe gilt allen Menschen

Gott hört nicht auf,
die Welt zu lieben:
Er sendet uns in die Welt,
um seine Liebe zu sein,
sein Erbarmen.

Mutter Teresa

## *Ein kleiner „Bleistift Gottes“*

Trotz vieler Ehrungen und Auszeichnungen bewahrte sich Mutter Teresa zeitlebens ihre Demut. Ihr bewährtes Mittel dazu war: die Toilette putzen. Wohin sie kam, niemals scheute sie sich, die niedrigsten Arbeiten zu verrichten. Einmal sagte sie von sich: „Ich bin nur ein kleiner Bleistift in der Hand Gottes, um seinen Liebesbrief an die Welt zu schreiben. Das ist alles.“

## *„Sie sind herzlich willkommen“*

In New York besuchte Mutter Teresa das Aids-Haus ihrer Schwestern. Da rief sie ein junger Mann an: „Mutter Teresa, ich glaube, dass ich Aids habe. Ich gehe jetzt zum Arzt, und wenn er sagt, dass ich diese Krankheit habe, dann möchte ich zu Ihnen kommen und bei Ihnen sterben.“

„Kommen Sie gern“, erwiderte Mutter Teresa, „Sie sind aufs Herzlichste willkommen.“

Tags darauf rief der Junge wieder an und sagte zu Mutter Teresa: „Ja, es ist so. Ich habe die Krankheit.“

„Kommen Sie sofort“, antwortete Mutter Teresa. „Ich werde mich sehr freuen, Sie bei uns zu haben.“

Der junge Mann kam und Mutter Teresa nahm ihn mit ihren Schwestern freudig auf. „Man sah die Freude im Gesicht dieses Mannes“, erzählte Mutter Teresa, „dass er gewollt war und von uns mit viel Liebe gepflegt wurde.“
Er war keine zwei Wochen da, als ihn die Schwestern auf den Tod vorbereiten mussten. Ein Priester im Haus half dem jungen Mann, in der Beichte mit Gott Frieden zu schließen. Er starb, wie Mutter Teresa sagte, „einen wunderschönen Tod“.

## *Nur was du selbst tust, zählt*

Oft wurde Mutter Teresa gefragt, wie sie über Homosexuelle denke. Ihre Antwort war stets die gleiche: „Ich urteile nie über einen Menschen. Nicht was ein anderer vielleicht getan oder unterlassen hat, sondern was du selbst getan hast, zählt in Gottes Augen.“

## *„Bringt mir nun einen Priester“*

Während eines Vortrags erzählte Mutter Teresa folgendes Erlebnis:
„Ich erinnere mich an einen Mann, den ich verlassen am Rand einer Straße fand. Die Schwestern nahmen ihn auf, reinigten ihn und sorgten für ihn. Er sprach kein einziges Wort. Nach zwei Tagen schließlich sagte er zu den Schwestern: ‚Ihr habt Gott in mein Leben gebracht – bringt mir nun einen Priester.‘ Die Schwestern gingen und holten einen Priester. Der Mann beichtete – zum ersten Mal nach sechzig Jahren. Am nächsten Morgen starb er.“
Mutter Teresa beschloss ihr Erlebnis mit den Worten:
„Welch wunderbare Bestätigung der Größe Gottes und der Vollmacht, die er in die Worte und Hände des Priesters gegeben hat! Gott war in das Leben dieses Mannes gekommen, aber die Verbindung musste hergestellt werden kraft der Vollmacht, die Gott dem Priester gegeben hat.“

## *Die Speisung der Tausenden*

Mutter Teresa erzählte: „Allein in Kalkutta speisen wir täglich etwa 9000 Menschen. Wenn wir einen Tag nicht kochen würden, müssten all diese Menschen hungrig bleiben. Doch bis heute ist das nie passiert."

An einem Freitagmorgen kam die verantwortliche Kochschwester zu ihr und sagte: „Mutter, wir haben nichts zu kochen für heute und morgen. Wir müssen den Menschen sagen, dass wir ihnen nichts geben können."

Mutter Teresa wusste nicht, was sie ihr antworten sollte. Doch dann geschah etwas Unerwartetes. „Um neun Uhr morgens musste die Regierung die Schulen schließen und bot uns die Schulbrote an. So konnten unsere Kinder und Erwachsenen glücklicherweise zwei Tage lang ernährt werden. Ich glaube, dass sie niemals in ihrem Leben so viel Brot gegessen haben."

Warum die Schulen geschlossen werden mussten, wusste niemand. Aber Mutter Teresa wusste es sehr wohl: „Es war ein Zeichen Gottes gegenüber unseren Hilfsbedürftigen!"

## *„Wo die Liebe ist, da ist auch Gott“*

Eines Tages kam ein Mann im mittleren Alter zu Mutter Teresa und sagte: „Mutter, ich bin ein Atheist. Ich glaube nicht an Gott!“ Gleichzeitig erzählte er ihr, wie sehr er die Menschen liebe: seine Frau und seine Kinder, seine Bekannten und Freunde, überhaupt alle, mit denen er sich gut verstehe ...
Darauf antwortete ihm Mutter Teresa: „Mein guter Freund, Sie können kein Atheist sein, wenn sie die Menschen lieben. Denn wo die Liebe ist, da ist auch Gott. Gott ist die Liebe.“

## *Gott schenkt unentgeltlich*

In Bangalore, der Hauptstadt des indischen Staates Karnataka, stand bei einem Seminar eine Schwester auf und sagte zu Mutter Teresa: „Mutter, Sie verwöhnen die armen Menschen, indem Sie ihnen Dinge umsonst geben. Diese Menschen verlieren dabei ihre menschliche Würde. Sie sollten wenigstens ein paar Münzen annehmen für das, was Sie ihnen geben.“
Darauf antwortete Mutter Teresa ruhig: „Niemand verwöhnt die Menschen so sehr wie Gott. Schaut auf die wunderbaren Dinge, die er uns unentgelt-

lich schenkt. Jeden Tag atmen wir Sauerstoff ein und müssen nichts dafür bezahlen. Dann ist es auch gut, dass es eine Ordensgemeinschaft gibt, die die Armen verwöhnt."

## *Freiwillig und ohne Gegenleistung*

Zur Eröffnung eines Hauses für Arme und Leidende war Mutter Teresa nach Addis Abeba, der Hauptstadt von Äthiopien, gekommen. Der Minister des Kaiserlichen Hofes stellte ihr ein paar argwöhnische Fragen:

„Was erwarten Sie von der Regierung?"

„Nichts, ich bin nur gekommen, um meinen Schwestern zu zeigen, wie sie den Armen und Leidenden helfen können."

„Was werden Ihre Schwestern tun?"

„Wir dienen freiwillig und ohne Gegenleistung den Ärmsten der Armen."

„Was für Kenntnisse und Fähigkeiten können Sie und Ihre Schwestern vorweisen?"

„Wir versuchen, den Ausgestoßenen und Liebebedürftigen Verständnis, Liebe und Barmherzigkeit zu bringen."

„Predigen Sie zu den Leuten und versuchen Sie, sie zu bekehren?"

„Unsere Werke der Liebe machen den Armen die Liebe Gottes zu ihnen deutlich.“

## *Gottes Hilfe im rechten Moment*

In Kalkutta kam eines Tages ein Vater zu Mutter Teresa. In der Hand hatte er ein Arzneirezept und sagte: „Die Medizin braucht mein einziges Kind, das im Sterben liegt. In Indien gibt es dieses Medikament nicht. Man muss es aus dem Ausland einführen.“

Noch während des Gespräches kam plötzlich ein Mann mit einem Korb voller Medikamente. Mutter Teresa erzählte: „Obenauf lag das gesuchte Medikament. Hätte es darunter gelegen, hätte ich es nicht bemerkt. Wäre der Mann vorher oder nachher gekommen, hätte ich es nicht sehen können.“

Für Mutter Teresa gab es keinen Zweifel, dass Gott mit seiner Liebe und Zärtlichkeit dieses Kind vor dem Tod retten wollte: „Genau zu dieser Zeit hat Gott sich in seiner zärtlichen Liebe unter Millionen und Abermillionen von Kindern so sehr um dieses kleine Kind in den Slums von Kalkutta gekümmert, dass er im richtigen Moment die Medizin schickte, um es zu retten.“

## *„Ich bin auch ein Revolutionär“*

In Äthiopien bat Mutter Teresa einen der Gouverneure, ihr ein Stück Land zu überlassen, auf dem sie ein Krankenhaus errichten konnte.
„Mutter“, herrschte der Politiker sie an, „wissen Sie nicht, dass wir hier eine Revolution haben und dass diese sich um solche Dinge kümmert?“
„Ja, ich weiß“, erwiderte die Ordensfrau ungerührt, „aber ich möchte Ihnen sagen, dass ich auch ein Revolutionär bin. Aber meine Revolution kommt von Gott und besteht nur aus Liebe.“

## *Ein Tropfen reinen Wassers*

Ein Journalist versuchte Mutter Teresa zu provozieren:
„Glauben Sie allen Ernstes, dass sich nach Ihren vielen Mühen und Anstrengungen, die Sie täglich auf sich nehmen, irgendetwas auf der Welt geändert haben wird? Wenn Sie einmal sterben werden, wird es auf der Erde genauso aussehen wie zuvor.“
Mit einem Lächeln auf dem Gesicht antwortete Mutter Teresa: „Ich habe nie geglaubt, dass ich fähig bin, die Welt zu verändern. Ich habe nur versucht, ein Tropfen reinen Wassers zu sein, in dem

sich Gottes Liebe widerspiegeln kann. Scheint Ihnen das wenig zu sein?"
Ähnlich antwortete Mutter Teresa einmal bei anderer Gelegenheit: „Was wir tun, ist nur ein Tropfen in einem Ozean. Aber ohne unsere Arbeit wäre der Ozean um diesen Tropfen ärmer."

## *Unzählige geheime Helfer und Mitarbeiter*

Mutter Teresa hatte neben ihren Schwestern und Brüdern unzählige Mitarbeiter(innen) auf der ganzen Welt, die ihr halfen, Gottes Liebe zu den Armen, Kranken und Sterbenden zu bringen. Zu ihnen gehörten auch viele Kranke, die das Werk der Ordensfrau mit ihrem Leiden und Beten unterstützten. Eine dieser „geheimen Helfer" war eine Belgierin (Jacqueline de Decker), die seit Langem schwer krank war und bereits 17 Operationen hinter sich hatte. „Sie erträgt jeden Schmerz, damit ich meinen Auftrag gut erfüllen kann", sagte Mutter Teresa. „Wenn ich etwas Besonderes zu tun habe, ist es meine kranke Freundin, die mir Mut und die nötige Kraft gibt."

# Kapitel 3

# Alles für Jesus

Jesus hat uns geliebt;
lasst uns einander lieben,
wie er uns am Kreuz geliebt hat
und uns in der Eucharistie liebt.

Mutter Teresa

## *„In dir liebe ich Jesus"*

Eines Tages brachte man einen Hindumann von der Straße zu Mutter Teresa. Sein Körper war schon halb von Würmern zerfressen. Von ihm ging ein furchtbarer Gestank aus, sodass sich niemand mehr in die Nähe des Mannes traute.
Mutter Teresa ging zu ihm, um ihn sauber zu machen. Der Mann schaute die Ordensfrau an und fragte sie: „Warum tust du das? Jeder wendet sich von mir ab. Ich bin für alle eine Last. Warum kommst du trotzdem in meine Nähe?"
„Weil ich dich liebe", erwiderte Mutter Teresa. „In dir liebe ich Jesus, der sein Leid mit dir teilt."

## *Das Fünf-Finger-Evangelium*

Ein Jesuitenpater kam eines Tages von Rom nach Kalkutta. Er wollte an der Anbetung im Haus von Mutter Teresa teilnehmen. Zuvor hatte er ein Gespräch mit Mutter Teresa. Sie erzählte ihm, wie sie und ihre Schwestern sich bemühten, mit ihrem Leben und Wirken Jesus nachzufolgen.
Mutter Teresa erklärte dem Pater auch ihr „Fünf-Finger-Evangelium": Du – hast – es – Mir – getan. Es waren die Worte Jesu an die Jünger in seiner

Rede vom Ende der Zeit: „Was ihr für einen meiner geringsten Brüder getan habt ...“
Nach seiner Rückkehr nach Rom schrieb der Jesuit in einem Brief an Mutter Teresa: „Ich habe über Ihr ‚Fünf-Finger-Evangelium‘ immer wieder nachgedacht. Es hat seit meinem Besuch bei Ihnen mein Denken und Tun komplett verändert.“

## *„Jesus ist jetzt in diesem Haus“*

Als Mutter Teresa erlaubt wurde, mit ihren Schwestern in Russland einzureisen, nahm sie der Arzt eines großen Krankenhauses auf und gab ihnen drei Zimmer. Sogleich machten sich die Schwestern an die Arbeit, putzten die Toiletten und verrichteten die vielen kleinen Arbeiten, die überall im Haus anfielen. In einer kleinen Kapelle feierte ein Priester mit ihnen täglich die heilige Messe.
Die Anwesenheit der „Missionarinnen der Nächstenliebe“ veränderte bald die Atmosphäre und Einstellung im ganzen Krankenhaus. Nach einer Woche kam der Arzt zu Mutter Teresa und fragte: „Was passiert hier in meinem Spital, Mutter? Was machen Sie und die Schwestern, dass im Haus alles anders geworden ist?“

Mutter Teresa erwiderte dem Arzt: „Ich weiß nicht, Herr Doktor. Was ist denn passiert? Was ist anders geworden?"
Der Arzt sagte: „Ich bemerke, dass die Krankenschwestern und Ärzte im Haus viel freundlicher als sonst sind. Sie gehen viel liebenswürdiger mit den Kranken um. Und auch die Patienten schreien nicht mehr so wie früher vor Schmerzen. Ich weiß nicht, was geschehen ist."
Mutter Teresa schaute den Arzt an und sagte: „Herr Doktor, es kann nur einen Grund für diese Veränderung geben. Jesus ist jetzt in diesem Haus: in den Krankenzimmern, auf den Fluren und Gängen, in der kleinen Kapelle, bei den Schwestern und Ärzten. Er ist der Grund für die Liebe, die Freude und den Frieden, die in dieses Krankenhaus eingezogen sind."
Der Arzt schüttelte den Kopf und konnte nur noch drei Worte sagen: „Danke, Mutter Teresa!"

## *Jesu Durst am Kreuz stillen*

In allen Kapellen der „Missionarinnen und Missionare der Nächstenliebe" ließ Mutter Teresa bei jedem Kruzifix die Worte Jesu am Kreuz anbringen: „Mich dürstet". Weshalb sie dies tat, erklärte sie in der Satzung ihres Ordens: „Unser Ziel besteht darin, den unendlichen Durst Jesu Christi am Kreuz nach der Liebe der Seelen zu stillen. Wir dienen Jesus in den Armen, wir pflegen ihn, speisen ihn, kleiden ihn, besuchen ihn.“

## *Lieber Schachtel statt Koffer*

Wenn Mutter Teresa verreiste, trug sie ihre Habseligkeiten oft in einer Kartonschachtel mit sich. Einige Menschen boten ihr deswegen einen Koffer an. Doch Mutter Teresa lehnte dankend ab und sagte: „Ich schäme mich nicht, arm zu sein. Auch Jesus ist, als er auf Erden lebte, arm gewesen.“

## *Das Wunder von Manhattan*

Als Mutter Teresa in den Achtzigerjahren das aufkommende Elend der Aidskranken sah, erblickte sie auch in ihnen die Gestalt Jesu Christi. Überall in der Welt eröffnete sie Hospize für Aidskranke, um ihnen ihre Liebe und Fürsorge schenken zu können.

In den Vereinigten Staaten schaffte Mutter Teresa im Jahr 1985 das „Wunder von Manhattan“. Sie konnte den damaligen Gouverneur von New York, Mario Cuomo, dazu bewegen, drei aidskranke Gefangene frei und in ihrem Haus in Frieden sterben zu lassen.

## *Jeder ist ein Abbild Jesu*

Bei ihrer Arbeit schaute Mutter Teresa niemals auf die Religion, die Rasse oder den Stand eines Menschen. Sie sah einfach in jedem Menschen das Abbild Jesu. Als die Ordensfrau einmal gefragt wurde, ob sie jeden Menschen, den sie pflege, gleich behandle, sagte sie: „Wenn ein Hindu oder Moslem stirbt, helfe ich ihm, einfach zu Gott zu beten, zu seinem Gott. Ich spreche meine Gebete und er spricht die seinen.“

## *Hilfe für einen Schwerverbrecher*

Eines Tages erhielt Mutter Teresa einen Anruf aus den Vereinigten Staaten. Ein Schwerverbrecher sollte hingerichtet werden. Angehörige und Freunde baten daraufhin Mutter Teresa: „Bitte, helfen Sie uns! Sprechen Sie mit dem Gouverneur, dass er das Todesurteil aufhebt!"
Mutter Teresa nahm sich der Bitte an und bat den Gouverneur: „Bitte, tun Sie das, was Jesus getan hätte, wenn er an Ihrer Stelle gewesen wäre!"
„Gott hat mir geholfen", sagte später Mutter Teresa. Die Todesstrafe wurde in eine lebenslange Gefängnisstrafe umgewandelt.

## *„Nicht für eine Million Dollar!"*

Einmal sah ein amerikanischer Journalist Mutter Teresa dabei zu, wie sie einem kranken Menschen eine blutige und stinkende Wunde verband. Erschrocken und schaudernd meinte er: „Das würde ich nicht für eine Million Dollar tun!"
Schlagfertig und lächelnd antwortete ihm Mutter Teresa: „Ich auch nicht!" Die Ordensfrau tat es aus Liebe zu Jesus, den sie in der Person eines jeden Kranken und Leidenden sah.

## *Jeder Einzelne zählt*

In einem der Häuser, die von Mutter Teresas Schwestern in New York besucht wurden, war eine alleinstehende Frau gestorben. Sie war bereits seit einigen Tagen tot. Niemand aus ihrer Umgebung hatte sich um sie gekümmert. Ihre Nachbarn kannten nicht einmal ihren Namen. Als man Mutter Teresa vorwarf, dass sich ihre Schwestern nicht um wirklich große, sondern nur um kleine und unauffällige Dinge kümmern würden, erwiderte die Ordensfrau: „Wenn meine Schwestern auch nur einem einzigen Menschen in Not helfen, ist das bereits etwas Großes. Ich glaube, dass auch Jesus schon für einen einzigen Menschen – für einen einzigen Sünder – den Tod am Kreuz gestorben wäre."

## *„Jesus ist meine Stärke"*

Jemand fragte Mutter Teresa: „Wie ist es möglich, dass Sie so anpacken und täglich so viel für die Armen und Kranken tun? Wie ist es möglich, dass Sie immerzu lächeln?"

Mutter Teresa antwortete ihm: „Jesus ist meine Stärke, mein Leben, meine Liebe, meine Freude. Jeden Morgen empfange ich ihn in der heiligen

Kommunion. Und das gibt mir Kraft für den ganzen Tag!“

## *Licht im Dunkel der Einsamkeit*

Einmal kam ein reicher Mann zu Mutter Teresa und sagte ihr: „Bitte kommen Sie oder irgendeine Ihrer Schwestern zu mir in mein Haus. Ich bin halb blind und meine Frau geistesgestört. Unsere Kinder sind alle fort und wir sterben vor Einsamkeit. Wir sehnen uns nach dem lieben Laut einer menschlichen Stimme.“
Mutter Teresa und ihre Schwestern erfüllten dem einsamen Mann gern seinen Wunsch. Sie kamen oft zu ihm und seiner Frau und brachten mit ihren Besuchen Jesu Liebe in die Einsamkeit dieses Hauses.

## *Den Leib Jesu berührt*

Ein junges Mädchen aus einem Land außerhalb Indiens kam zu Mutter Teresa, um bei ihren Schwestern mitzuarbeiten. Die Ordensfrau schickte sie in ihr „Haus der Sterbenden“ und sagte ihr: „Machen Sie es mit den Kranken und Sterbenden

so wie der Priester in der heiligen Messe, der Jesus in der Hostie liebevoll und behutsam mit seinen Händen berührt. Es ist derselbe Jesus, den Sie in den kranken Leibern unserer Armen finden."
Die junge Frau ging und kam nach drei Stunden mit einem Lächeln auf dem Gesicht zu Mutter Teresa zurück und sagte ihr: „Mutter, ich habe den Leib Jesu drei Stunden lang berührt."
Mutter Teresa fragte zurück: „Was ist geschehen? Was haben Sie gemacht?"
Die junge Frau antwortete ihr: „Als ich im Sterbehaus ankam, brachte man gerade einen Mann, der in ein Abflussrohr gefallen war und erst nach einiger Zeit herausgezogen werden konnte. Er war am ganzen Körper mit Schmutz, Wunden und Würmern bedeckt. Ich habe ihn gewaschen und war mir bewusst, dass ich den Leib Jesu berührt habe."

## *Was Liebe wirklich ist*

Einst wurde Mutter Teresa in einem Interview gefragt:
„Mutter, können Sie mit wenigen Worten sagen, was Liebe wirklich ist?"
Mutter Teresa überlegte einen Moment und antwortete: „Liebe heißt geben. Jesus liebte die Men-

schen so sehr, dass er sein Leben für die Welt – für dich und mich – hingab. Und er möchte, dass wir so lieben, wie er liebte. Liebe ist eine Gabe. Sie gibt sich selbst, bis es wehtut."

## *Der Blumenstrauß*

Nach einer Ansprache in einer deutschen Kirche überreichte man Mutter Teresa einen großen Blumenstrauß. Zunächst stand die Ordensfrau für einen Augenblick steif und unbeholfen da. Dann ging sie zum Altar, kniete an den Stufen nieder und legte den Blumenstrauß vor dem Allerheiligsten nieder. Jesus im Altarsakrament war ihre große Liebe. Von dort holte sie sich Kraft für ihren selbstlosen Dienst an den Kranken und Sterbenden.

## *Das hilfreiche Wort*

Ein Kardinal bat Mutter Teresa um ein gutes, hilfreiches Wort. Sie schrieb ihm: „Lassen Sie zu, dass Jesus Sie benützt, ohne Sie um Rat zu fragen." Der Kardinal antwortete: „Danke, Mutter, Ihr Wort hat Frieden und Freude in mein Herz gebracht!"

## *Das Geheimnis des Erfolgs*

Als Mutter Teresa von einem Journalisten gefragt wurde, was das Geheimnis ihres großen Erfolgs und ihrer weltweiten Anerkennung sei, antwortete sie: „Ich empfange jeden Morgen Jesus in der heiligen Kommunion." Zu diesem Jesus betete sie jeden Tag, oft mit den Worten von Kardinal Newman: „Lieber Jesus, hilf uns, deinen Wohlgeruch zu verbreiten, wohin wir auch gehen. Durchflute unsere Seelen mit deinem Geist und deinem Leben." Nach dem Gebet ging die Ordensfrau zu den Armen, Kranken und Sterbenden und ließ ihre Liebe zu Jesus in praktischen Taten der Liebe sichtbar werden.

## *„Es ist Sein Werk!"*

Trotz des großen Trubels, der um sie gemacht wurde, blieb Mutter Teresa immer stets bescheiden und demütig. Als einmal ein Journalist sie fragte, ob all die Orden und Auszeichnungen, die Anerkennungen und Ehrungen, die sie überall auf der Welt erhalte, sie nicht doch ein wenig stolz machen würden, hob sie beide Zeigefinger zu den Ohren und antwortete: „Hier geht es hinein und auf der anderen Seite wieder hinaus. Und dazwischen ist nichts. Es ist Sein Werk!“

## *Alles aus Liebe zu Jesus*

Stets war Mutter Teresa bemüht, ihr Tun und das ihrer Schwestern von der Arbeit „weltlicher“ Personen – wie Sozialarbeiter, Ärzte oder Lehrer – abzugrenzen. Ein ums andere Mal beschrieb sie ihren Dienst für die Armen, Kranken, Sterbenden und Verlassenen mit den Worten: „Wir tun unsere Arbeit für jemanden. Und dieser Jemand ist Jesus. Ihm und nur ihm dienen wir mit unserem ganzen Herzen. Unser Leben hat keinen anderen Sinn und keine andere Motivation.“

## *Der Vertrag mit Jesus*

Als Mutter Teresa 1979 mit dem Friedensnobelpreis ausgezeichnet wurde, wurde sie zum Medienstar. Wohin sie kam, überall drängten sich Kameraleute und Fotografen um die kleine, bescheidene Ordensfrau, um sie im Bild festzuhalten. Doch Mutter Teresa waren alle Fotos, die man von ihr machte, völlig unwichtig. Einmal meinte sie spöttisch gegenüber einigen Bildreportern: „Ich habe mit Jesus einen Vertrag geschlossen und ihn gebeten, für jedes von mir gemachte Foto eine Seele aus dem Fegefeuer freizulassen.“ Dann fügte sie hinzu: „In den letzten Tagen wurden so viele Bilder von mir geschossen, dass das Fegefeuer jetzt fast leer sein müsste.“

## *Zu Fuß nach Hause*

Gleich zu Beginn ihrer Tätigkeit als „Slum-Schwester“ (1948) hatte Mutter Teresa dieses kleine Erlebnis: Unterwegs auf den Straßen Kalkuttas begegnete ihr ein armer Mann, der ihr sagte: „Ich habe nichts zu essen.“ Darauf gab ihm die Ordensfrau das ganze Kleingeld, das sie für den Bus aufgespart hatte.
Später berichtete Mutter Teresa: „Das war alles, was ich bei mir hatte. Ich bin dann zu Fuß nach Hause gegangen. Das habe ich für Jesus getan. Ich muss sagen, dass ich damals sehr glücklich gewesen bin.“

# Kapitel 4

# Liebe beginnt zu Hause

Wenn du wirklich Gottes Liebe
in der heutigen Welt sein willst,
dann beginne, Gottes Liebe
in deinem eigenen Zuhause zu sein.

Mutter Teresa

## *Wo die Liebe beginnt*

Immer wieder stellte Mutter Teresa ihren Zuhörern die Frage: „Wo beginnt die Liebe?“ Und gleich darauf gab sie dann selbst die Antwort: „Die Liebe beginnt zu Hause, in der Familie.“ Für die Ordensfrau war die Familie der Ort, wo Menschen von klein auf lernen, in Liebe und Frieden miteinander und mit Gott zu leben.
Wie wichtig für dieses Zusammenleben in der Familie das Gebet ist, betonte Mutter Teresa bei vielen Gelegenheiten.
Unermüdlich zitierte sie das Wort eines amerikanischen Priesters (Father Payton): „Eine Familie, die zusammen betet, bleibt auch zusammen.“

## *Zuerst die eigenen Kinder lieben*

In ihrer Ansprache bei der Verleihung der Ehrendoktorwürde der Universität Cambridge (1977) erzählte Mutter Teresa folgende Begebenheit: „Ich ging mit meinen Schwestern durch die Straßen Londons und stieß auf einen Jugendlichen. ‚Warum bist du hier?‘, fragte ich ihn. ‚Du solltest zu Hause bei deinen Eltern sein.‘ Der junge Mann erwiderte: ‚Meine Mutter mag mich

nicht, weil ich lange Haare habe. Jedes Mal, wenn ich nach Hause gekommen bin, hat sie mich hinausgeworfen.'"
„Als wir später zurückkamen", berichtete Mutter Teresa weiter, „fanden wir den Jugendlichen in einer bedrohlichen Situation. Er hatte eine Überdosis Drogen genommen. Wir brachten ihn sofort in ein Krankenhaus. Ich dachte bei mir: Vielleicht war seine Mutter gerade dabei, etwas für die Hungernden in Indien zu tun, aber für ihr eigenes Kind hatte sie nichts übrig. Wie können wir die Armen lieben, wenn wir unsere eigenen Kinder nicht zuerst lieben?"

## *Das Mädchen vor der Haustür*

Es war spät in der Nacht, vielleicht schon Mitternacht, als Mutter Teresa die Klingel ihres Mutterhauses in Kalkutta hörte. Sie ging hinunter und sah vor der Haustür ein weinendes Mädchen von fünf oder sechs Jahren stehen.
„Warum kommst du so spät in der Nacht nach hier?", fragte Mutter Teresa die Kleine.
Schluchzend antwortete das Mädchen: „Ich ging zu meiner Mutter, aber meine Mutter wollte mich nicht. Ich ging zu meinem Vater und auch mein Va-

ter wollte mich nicht. Aber ich weiß, dass du mich willst. Und deswegen komme ich zu dir!“
Mutter Teresa nahm das Kind in ihr Haus auf. Sie wusste, dass es keine schlimmere Krankheit gibt, als ungewollt und ungeliebt zu sein.

## *„Kein Armer wurde abgewiesen“*

Mutter Teresas Eltern, Nikola und Drana Bojaxhiu, waren tiefgläubige Katholiken. Sie lebten ihren drei Kindern einen lebendigen Glauben vor. „Nie wurde ein Armer abgewiesen“, erinnerte sich später Mutter Teresa, „täglich aßen fremde Menschen an unserem Tisch.“
Solange der Vater lebte und für die Familie sorgen konnte, litt die Familie keine materielle Not. Als Mutter Teresa acht Jahre alt war, verstarb der Vater plötzlich und die Mutter musste allein für die Kinder sorgen. „Dennoch wurde auch weiterhin kein Armer abgewiesen.“

## *Die Lektion aus dem Elternhaus*

Mutter Teresa sprach grundsätzlich nie ein negatives Wort über einen Menschen. Es war erstaunlich, wie sie mit den vielen Vorwürfen und Beschuldigungen zurechtkam, die ihr von verschiedenen Seiten entgegenschlugen. „Wenn du jemanden verurteilst", sagte sie wiederholt, „dann hast du keine Zeit, ihn zu lieben."

Diese Haltung hatte Mutter Teresa mit ihren zwei Geschwistern im Elternhaus in Skopje gelernt. Als die Kinder einmal zu Hause über einen Lehrer schimpften, drehte die Mutter plötzlich den Strom ab. Ihre knappe Begründung blieb Mutter Teresa ein Leben lang in lebendiger Erinnerung: „Für Kinder, die schlecht über andere Menschen sprechen, zahle ich keinen Strom!"

## Kapitel 5

# Mit einem Lächeln auf den Lippen

Lasst uns gegenseitig
immer mit einem Lächeln begegnen!
Denn das Lächeln
ist der Beginn der Liebe.

Mutter Teresa

## *Ein Lächeln hilft*

Einmal war eine große Gruppe von Professoren aus den Vereinigten Staaten in Kalkutta. Die Gelehrten besuchten Mutter Teresa und baten sie: „Erzählen Sie uns etwas, was für uns wichtig ist, was unser Leben glücklicher machen kann!"
Ohne lange zu überlegen, antwortete ihnen die Ordensfrau: „Lächeln Sie sich gegenseitig an! Habt Freude aneinander!"

## *„... dann mach ein Lächeln!"*

Einmal wurde Mutter Teresa gefragt, ob sie verheiratet sei. Mit einem Schmunzeln im Gesicht antwortete sie: „Ja, ich bin mit Jesus verheiratet. Aber es ist oft sehr schwer, Ihm zuzulächeln, denn Er kann sehr fordernd sein."
Trotzdem hat Mutter Teresa Tag für Tag versucht, ihrem Bräutigam immer wieder zuzulächeln. Sie tat es ganz im Sinne jener Ordensregel, die sie ihren Schwestern gab: „Wenn es nichts zu lächeln gibt, dann mach ein Lächeln!"

## *„Kaum hörbar lallte sie ‚Danke‘“*

Eines Tages brachte man in Kalkutta eine Frau zu Mutter Teresa ins „Haus der Sterbenden“. Sie hatte nichts Menschliches mehr an sich und gab kein Lebenszeichen mehr von sich. Mutter Teresa wusch sie und pflegte ihren Körper. Sie bettete die Frau mit größter Sorgfalt und sprach sie mit leiser Stimme an. „Da ergriff sie meine Hand und lächelte“, berichtete Mutter Teresa. „Nie zuvor hatte ich auf einem Gesicht ein so wunderschönes Lächeln gesehen. Kaum hörbar lallte sie ‚Danke‘ und schloss dann für immer die Augen.“

# Kapitel 6

# Wenn sich Herzen öffnen

Wer geliebt wird
und Liebe erwidern kann,
ist der glücklichste Mensch
auf Erden.

Mutter Teresa

## *Das Opfer für die Armen*

Schwer krank war ein Mann, mit dem Mutter Teresa zusammentraf. Schon seit zwanzig Jahren musste er auf dem Rücken liegen. Nur seine rechte Hand konnte er noch bewegen. Die einzige Freude, die er hatte, war das Rauchen.

Eines Tages sagte er zu Mutter Teresa: „Ich werde eine Woche lang nicht rauchen und Ihnen das Geld für die Armen geben." Er hielt sein Wort und gab Mutter Teresa nach einer Woche 15 Dollar.

Mutter Teresa kaufte von dem Geld Brot und gab es denen, die Hunger hatten – mit Freude auf beiden Seiten. „Welch großes Opfer brachte der kranke Mann", sagte sie, „wie schön und vorbildlich hat er mit anderen geteilt!"

## *Das Beispiel des Kommunionkindes*

Tief bewegt war Mutter Teresa von einem Kind in den Vereinigten Staaten. Dieses Kind, das Einzige in ihrer Familie, stand kurz vor der Erstkommunion. Da sagte es zu seinen Eltern: „Bitte schenkt mir nichts zu meiner Kommunion! Kauft mir kein Kommunionkleid, ich werde in meiner

Schuluniform gehen. Macht auch kein Fest in unserem Haus! Gebt mir stattdessen das Geld! Ich werde es Mutter Teresa schicken, damit sie etwas für ihre kranken Kinder in Kalkutta hat.“ Ein wunderschönes Beispiel der Liebe für die Armen Gottes!

## *Ein paar Münzen der Liebe*

Eines Tages kam ein Bettler zu Mutter Teresa. Er wollte ihr das Geld schenken, das er am Tag erbettelt hatte. Es waren nur ein paar Münzen. Zunächst wollte die Ordensfrau das Geld von dem armen Mann nicht annehmen. Schließlich tat sie es aber doch, um ihn nicht zu kränken.

Mutter Teresa berichtete: „Ich habe niemals so viel Freude in einem Gesicht gesehen wie in dem Gesicht dieses Bettlers. Er war glücklich, dass auch er Mutter Teresa etwas schenken konnte!“

Mutter Teresa konnte für die paar Münzen des Mannes nichts kaufen, aber – so sagte sie – „als er (der Bettler) sie wegschenkte und ich sie annahm, wurden sie wie Tausende, weil sie mit so viel Liebe gegeben wurden“.

## *Gemeinsames Leid verbindet*

Einmal erzählte Mutter Teresa von einem Oberpriester aus dem Tempel, der in ihr Haus gebracht wurde und dort einen versöhnlichen Tod fand. Er war etwa vierundzwanzig oder fünfundzwanzig Jahre alt. Als er kam, war er sehr verbittert, weil kein Hospital ihn aufnehmen und betreuen wollte. Doch im Sterbehaus der Schwestern fand der junge Priester Ruhe und Frieden.
Mutter Teresa beschrieb die „Verwandlung" des jungen Priesters mit den Worten: „Er war nur zwei Wochen in unserem Haus. Täglich besuchten ihn Leute aus dem Tempel und sahen, wie er sich immer mehr veränderte. Ich glaube, der Mann lernte in der Umgebung der anderen Sterbenden, sein Schicksal anzunehmen. Menschen, die gemeinsam leiden, können – mit Gottes Hilfe – einander eine große Hilfe sein!"

## *Was ist das für so viele?*

Mutter Teresa hatte von einer Hindu-Familie gehört, die schon seit einigen Tagen nichts mehr zu essen hatte. Sogleich machte sie sich auf den Weg, um dieser Familie Reis für eine Mahlzeit zu bringen.

Ehe sich die Ordensfrau versah, hatte die Mutter den Reis in zwei Hälften geteilt und die eine Hälfte einer muslimischen Familie in der Nachbarschaft vor die Tür gestellt.
Daraufhin fragte Mutter Teresa die Frau: „Wie viel wird denn noch für euch alle bleiben? Ihr seid doch zu zehnt für dieses bisschen Reis!“
Wie selbstverständlich antwortete ihr die Mutter: „Sie haben auch nichts zu essen!“

## *Der Alkoholiker von Melbourne*

In den Straßen von Melbourne (Australien) las Mutter Teresa eines Tages einen Mann auf, der verprügelt worden war. Er war seit Jahren ein Alkoholiker. Mutter Teresa nahm ihn in ihr Fürsorgeheim auf und ließ ihn von ihren Schwestern pflegen.
Nach einigen Monaten liebevoller Pflege und Betreuung sagte der Mann plötzlich zu Mutter Teresa: „Gott liebt mich.“ Bald darauf verließ er das Heim und trank keinen Alkohol mehr. Er ging sogar zu seiner Familie zurück und übte wieder seinen früheren Beruf aus.
Mit dem ersten Lohn, den er erhielt, machte er sich auf zu Mutter Teresa und gab ihr das Geld mit

den Worten: „Ich möchte, dass Sie auch für andere Menschen die Liebe Gottes sind, so wie Sie es für mich waren!"

## *Das Opfer des jungen Hindu-Paars*

Freudig überrascht zeigte sich Mutter Teresa, als eines Tages ein junges Hindu-Paar zu ihr kam und ihr eine größere Summe Geld für die Armen gab. Die beiden hatten vor zwei Tagen geheiratet, auf Hochzeitskleider und Hochzeitsfest verzichtet und sich entschieden, Mutter Teresa das eingesparte Geld zu schenken.
Mutter Teresa schaute das junge Paar erstaunt an und sagte: „Wie kann das sein? In Hindu-Familien wird die Hochzeit doch festlich gefeiert. Warum habt ihr es nicht getan und bringt stattdessen dieses große Opfer?"
Die Antwort der (in einen einfachen Sari gekleideten) Braut hat Mutter Teresa zeitlebens nie vergessen: „Mein Mann und ich lieben uns so sehr, dass wir die Freude der Liebe mit den Menschen teilen wollen, um die Sie sich kümmern!"

## *Seitdem brennt die alte Lampe*

Am Rande von Melbourne besuchte Mutter Teresa einen alten Mann, von dessen Existenz keiner etwas zu wissen schien. Sein Wohnraum war in einem trostlosen Zustand, sodass Mutter Teresa erst einmal etwas Ordnung schaffen wollte. Doch der Mann hielt die Ordensfrau zurück und sagte: „Mir fehlt nichts."

Mutter Teresa sprach kein Wort. Doch nach einer Weile erlaubte ihr der Mann, seinen Raum sauber zu machen.

Bei ihrer Arbeit stieß Mutter Teresa auf eine Lampe, auf der der Schmutz vieler Jahre lag. Mutter Teresa fragte den Mann: „Warum zünden Sie denn Ihre Lampe nicht an?"

„Für wen sollte ich das tun?", erwiderte der Mann. „Zu mir kommt ja niemand. Ich brauche die Lampe nicht."

Da fragte ihn Mutter Teresa: „Werden Sie die Lampe anzünden, wenn eine unserer Schwestern Sie besuchen kommt?"

„Ja", sagte er, „wenn ich eine menschliche Stimme höre, werde ich es tun."

Ein paar Wochen später ließ der alte Mann an Mutter Teresa ausrichten: „In meiner Wohnung brennt jetzt jeden Tag die Lampe, nachdem Sie ein Licht in meinem Herzen angezündet haben!"

## *Lieben – bis es wehtut*

Bei der Verleihung des Friedensnobelpreises am 11. Dezember 1979 in Oslo (Norwegen) hielt Mutter Teresa eine Ansprache.
Darin erzählte sie folgendes Erlebnis: „Ich vergesse nie ein kleines Kind, einen Hindu-Jungen von vier Jahren. Er hatte irgendwie gehört: ‚Mutter Teresa hat keinen Zucker für ihre Kinder.‘ Er ging nach Hause zu seinen Eltern und sagte: ‚Ich will drei Tage lang keinen Zucker essen, ich schenke ihn Mutter Teresa.‘ Nach drei Tagen mussten seine Eltern ihn zu mir bringen und er schenkte mir ein kleines Gläschen Zucker.“
Dann sagte Mutter Teresa ihren Zuhörern: „Wie sehr liebte das kleine Kind! Es liebte, bis es wehtat. Und dies ist es, worum ich hier alle bitte: Liebt einander, bis es wehtut!“

## *Nur eine Kleinigkeit ...*

Als Kinder in Kalkutta davon hörten, dass Mutter Teresa nach Äthiopien gehen wolle, kamen sie zu ihr, um ihr etwas für die Kinder dort mitzugeben. Ein kleiner Junge kam mit einem Stück Schokolade in der Hand und sagte: „Mutter, bitte gib dieses

Stück einem armen Kind in Äthiopien!“ Mutter Teresa freute sich über die Kleinigkeit, die der Kleine mit solch einer großen Freude verschenken wollte. „Das ist tätige Liebe“, sagte die Ordensfrau.

## *„Ich habe die Liebe Gottes gesehen“*

In einer ihrer vielen Ansprachen berichtete Mutter Teresa von einem Mann, der nach Kalighat (Indien) kam und in einem ihrer Häuser einer Schwester bei der Arbeit zusah. Er sah, wie die Schwester liebevoll und mit Freude im Gesicht eine Patientin pflegte. Danach sagte er: „Ich bin leer in dieses Haus gekommen. Jetzt gehe ich weg, erfüllt von Gott. Ich habe die Liebe Gottes in dieser Schwester gesehen.“

## *Das Geschenk des behinderten Kindes*

In Kalkutta traf Mutter Teresa auf eine Mutter mit dreizehn Kindern. Die Frau – eine Nichtchristin – musste mit ihrem Mann hart arbeiten, um ihre Familie ernähren zu können. Das erste Kind der Mutter war stark behindert.

Mutter Teresa sagte zu der Frau: „Gib mir dein behindertes Kind! Wir werden uns um das Kleine liebevoll kümmern. Du musst so viel für deine Familie tun."

Erschrocken schaute die Frau Mutter Teresa an und erwiderte: „Nein, Mutter, das geht nicht. Dieses Kind ist ein Geschenk Gottes und hat eine große Bedeutung in unserem Leben. Es bringt uns allen bei, wie wir Gott lieben sollen."

„Da hatte ich meine Lektion", sagte später Mutter Teresa. „Diese Mutter hatte den Mut, ihr Kind – dieses ‚Geschenk Gottes' – nicht wegzutun, es nicht in ein Heim zu geben. Das war etwas ganz Großartiges, etwas Wunderschönes!"

# Kapitel 7
# Mit den Armen teilen

Gott schuf nicht die Armut,
er schuf nur uns.

Mutter Teresa

## *Der Mann von der Straße*

Einst las Mutter Teresa in Kalkutta einen Mann von der Straße auf. Er war mit Maden bedeckt. Sein Gesicht war die einzige Stelle, die sauber war. Mutter Teresa brachte den Mann in ihr „Heim für Sterbende“.

Dort sagte er nur einen Satz: „Ich habe wie ein Tier auf der Straße gelebt, aber nun werde ich wie ein Engel sterben.“

Mutter Teresa berichtete, dass er „wunderschön“ gestorben sei. Der Mann fühlte sich erwünscht und geliebt. Er starb in dem Gefühl, dass er ein Jemand war.

## *Mit Liebe gegen die Armut*

Mutter Teresa wurde eines Tages von Besuchern aus dem reichen Westen aufgesucht. Diese äußerten sich erschrocken über die Armut, die sie zuvor in den Hütten und Slums von Kalkutta gesehen hatten. Mutter Teresa machte ihren Gesprächspartnern deutlich, dass es Armut „überall“ auf der Erde gebe, und sagte:

„Es gibt viele Arten von Armut auf der Welt. Eine davon sehen Sie hier: Es ist die Armut, die den Körper tötet. Aber in Ihrem reichen Lande gibt es auch

Armut: Es ist die Armut, die die Seele tötet. Beide sind gleich groß und gegen beide gibt es das gleiche Mittel: unsere Liebe!“

## *Weihnachtsfreude für arme Kinder*

Im Anschluss an die Verleihung des Friedensnobelpreises an Mutter Teresa (1979) sollte ein großes Bankett mit prominenten Gästen stattfinden. Mutter Teresa verzichtete auf das festliche Essen. Stattdessen ließ sich die Ordensfrau das für das Festmahl vorgesehene Geld bar auszahlen. Mit dem Geld richtete sie in Indien ein Weihnachtsfest für allerärmste Kinder aus.

## *Hungrig auf der Straße*

Mutter Teresa hob einst ein auf der Straße liegendes Kind auf, das etwa sechs oder sieben Jahre alt war. In seinem Gesicht sah sie, dass es Hunger, großen Hunger hatte.
Die Ordensfrau gab ihm Brot und das Kind begann zu essen. Aber es biss nicht in das Brot hinein, sondern aß nur Brotkrümchen für Brotkrümchen.

„Nun iss doch das Brot!“, sagte Mutter Teresa. „Du bist hungrig. Nun iss doch!“
Das Kind sah die Ordensfrau erstaunt an und antwortete: „Ich habe Angst, dass ich wieder Hunger habe, wenn ich das Brot gegessen habe!“

## *Von den Slums in den Himmel*

Während ihrer Arbeit für die Armen und Leidenden, erzählte Mutter Teresa eines Tages, habe sie Fieber bekommen und vom heiligen Petrus geträumt. Der habe ihr gesagt: „Mutter, hier ist kein Platz für dich. Es gibt keine Slums im Himmel!“
„Na gut“, habe sie dem Heiligen geantwortet, „dann werde ich weiterarbeiten. Ich werde die Leute von den Slums in den Himmel bringen!“

## *Die ausgetretenen Schuhe*

Eines Tages kam ein Mann zu Mutter Teresa. Er wollte ihre ausgetretenen alten Schuhe austauschen und sagte: „Mutter, ich gebe Ihnen jetzt dreihundert Dollar und Sie geben mir Ihre Schuhe.“

„Dreihundert Dollar?“, erwiderte die Ordensfrau. „Okay, geben Sie mir die Dollar für die Armen, aber ich werde die Schuhe trotzdem behalten.“
Mutter Teresa schämte sich nicht ihrer Armut. Sie wollte – wie Jesus – arm sein und die Armen lieben. Sie hielt es mit dem heiligen Ignatius, der gesagt hatte: „Liebe die Armut wie deine Mutter!“

## *Der Kitcheree-Eintopf*

Eines Tages kam in Indien ein Mann zu Mutter Teresa, der einst reich, aber jetzt arm geworden war. Er war so hungrig, dass er nun von dem Kitcheree-Eintopf (einfache indische Speise) essen musste. Darüber war er sehr verbittert und verärgert, wie er Mutter Teresa sagte.
Mutter Teresa sah dem Mann direkt in die Augen und sagte: „Jeden Tag esse ich die gleiche Nahrung – Kitcheree-Eintopf.“ Erstaunt, ja beschämt, ging der Mann weg. Er konnte nicht fassen, dass die bescheidene Ordensfrau die Nahrung der Armen mit ihm teilte.

## *Der „heiligste Ort“ im Vatikan*

Papst Johannes Paul II., ein großer Freund und Bewunderer von Mutter Teresa, fragte einmal die Ordensfrau, wie er den Armen glaubhaft und wirkungsvoll helfen könne. Mutter Teresa antwortete ihm darauf, ein glaubhaftes Zeichen sei es, den Armen Einlass in den Vatikan zu gewähren.

Der Heilige Vater nahm sich die Antwort der kleinen Frau zu Herzen, wusste aber nicht so recht, wie er es anstellen sollte. Aber Mutter Teresa half ihm weiter: „Stellen Sie mir ein Stückchen Platz im Vatikan zur Verfügung und ich regle das!“

Der Papst gab ihr einen Raum im rechten Teil des Vatikans. Dieser lag neben dem Heiligen Offizium, der heutigen Glaubenskongregation, von wo aus man den Tiber sehen kann.

Mutter Teresa verwandelte einen Teil des Raumes in einen Aufenthaltsort für alte, verlassene Frauen und ehemalige Prostituierte. Den zweiten Teil machte sie zu einem Speisesaal für Arme, wo ihre Schwestern und Helfer sich täglich um über einhundert Menschen kümmern.

Schon bald darauf entstand das Wort vom „heiligsten Ort“ im Vatikan. Er ist dort, wo nicht um theologische Feinheiten gerungen oder um Ämterbesetzungen gefeilscht wird, sondern dort, wo Mutter Teresa den Ärmsten der Stadt Rom einen Platz bereitet hat.

## *Den Rest für die Armen*

Einmal fragte ein reicher Geschäftsmann aus Holland Mutter Teresa: „Mutter, was muss ich konkret tun, um ein besserer Mensch zu werden?" Mutter Teresa antwortete ihm spontan aus dem Herzen: „Ganz einfach! Wenn Sie in ein Geschäft gehen, um sich einen neuen Anzug zu kaufen, dann nehmen Sie nicht den besten, sondern einen billigeren. Den Rest des Geldes verwenden Sie für jemand anderen oder – besser noch – für die Armen!"

## *Eine andere Art von Armut*

In einem Interview mit einem englischen Journalisten sprach Mutter Teresa über die schlimmste Krankheit der Welt: das Unerwünschtsein. Sie sagte:
„Auch in England gibt es die staatliche Fürsorge. Als ich aber nachts durch die Straßen ging und ihre Häuser betrat, fand ich dahinsterbende, ungeliebte Menschen. Das ist – mitten unter uns – eine andere Art von Armut: eine Armut des Geistes, des Verlassenseins und des Unerwünschtseins. Darin sehe ich heute die schlimmste Krankheit auf der Welt, nicht die Tuberkulose oder die Leprakrankheit."

## *„Die Armen sind immer noch da!“*

Ein Tourist aus den Vereinigten Staaten wollte Mutter Teresa gern kennen lernen. Die Ordensfrau schickte ihn in eines ihrer Sterbehäuser, um dort mitzuhelfen. Als er am nächsten Tag nach ihr fragte, bekam er dieselbe Anweisung.
„Aber ich war doch gestern schon im Sterbehaus“, gab er erstaunt zu verstehen. „Na und?“, ließ ihm Mutter Teresa durch eine Schwester ausrichten. „Dann gehen Sie eben heute noch einmal hin. Die Armen sind immer noch da!“

## *Das eigene Bett für eine Bettlerin*

Zu Beginn ihrer Tätigkeit in Kalkutta lebte Mutter Teresa mit ihren Schwestern in sehr beengten räumlichen Verhältnissen. Da kam eines Tages eine Bettlerin zu ihr und bat um Hilfe und Unterkunft. Mutter Teresa wusste nicht, wo sie die arme Frau unterbringen konnte. Dann legte sie die Bettlerin kurzerhand in ihr eigenes Bett und richtete sich anderswo notdürftig einen Schlafplatz her. „Eine Not sehen und darauf spontan reagieren – das war bei Mutter Teresa eines“, sagte einer ihrer engsten Mitarbeiter.

## *Eine „Limousine“ für die Kranken*

Im Dezember 1964 kam Papst Paul VI. nach Kalkutta und besuchte das „Sterbehaus“ (Nirmal Hriday) von Mutter Teresa. Er fuhr in einem weißen „Lincoln“ vor, der aus Amerika gespendet worden war und den er zuvor beim Besuch des Eucharistischen Kongresses in Bombay benutzt hatte. Der Heilige Vater war von der Arbeit der Schwestern so angetan, dass er Mutter Teresa den Wagen schenkte.

Mutter Teresa hatte keine persönliche Verwendung für die Limousine, weil sie es vorzog, weiterhin zu Fuß zu gehen. Stattdessen hatte sie die grandiose Idee, den Wagen zu verlosen. Dies brachte ihr die stattliche Summe von umgerechnet 100 000 Dollar ein, die sie für den Bau von kleinen Familienhäusern für Leprakranke verwendete.

## *Kleine Geschenke der Liebe*

Jedem, dem sie begegnete, wollte Mutter Teresa eine Kleinigkeit schenken. Immer zog sie aus ihrem Tragesack etwas heraus, um jemandem damit eine Freude zu machen. Zu den kleinen Dingen, die sie gern verschenkte, gehörten vor allem die Wundertätigen Medaillen. „Mindestens 40 000 davon habe ich persönlich verschenkt“, sagte Mutter Teresa. Diese Medaillen gehen auf eine Erscheinung der Muttergottes vor der heiligen Ordensfrau Catherine Labouré im Jahr 1830 zurück. Darin versprach die Gottesmutter jedem, der diese Medaille mit Vertrauen trage, große Gnaden.

## *Mit Gottes Hilfe exakt 6500 Pfund*

In London suchte Mutter Teresa mit ihren Schwestern ein geeignetes Haus für ihre Armen und Kranken. Nach einiger Zeit fand sie eine Frau mit einem passenden Anwesen und äußerte den Wunsch, es zu mieten. „Dafür müssen Sie mir unverzüglich 6500 Pfund zahlen“, sagte die Frau in unfreundlichem Ton und fügte hinzu: „Ich glaube an gar nichts und habe an niemanden etwas zu verschenken.“

Mutter Teresa hatte kein Geld, um das Haus zu erwerben. Sie vertraute auf Gottes Hilfe und beschloss, mit ihren Schwestern den ganzen Tag in der Stadt für ihr Vorhaben zu betteln. „Als wir uns abends erschöpft wiedertrafen", erzählte Mutter Teresa später, „zählten wir nach, wie viel Spenden wir zusammengebracht hatten: Es waren exakt 6500 Pfund. Ich glaube, dass Gott eingegriffen hat, um uns zu helfen."

## *Nur ein echtes Opfer zählt vor Gott*

Eines Tages kamen einige Geschäftsleute zu Mutter Teresa, um ihr eine bei einem Bankett gesammelte Summe Geld zu überreichen. Ein wenig skeptisch blickte die Ordensfrau die Männer an und sagte: „Ich hoffe, dass Sie mir das Geld nicht aus irgendeinem Überfluss heraus geben. Ihre Gabe sollte ein Opfer für Sie sein, ein Verzicht auf etwas, das Ihnen lieb geworden ist. Erst dann hat sie auch einen Wert vor Gott. Nur in dieser Gesinnung werden Sie zum Bruder jener Armen, denen es an allem fehlt und die unsere Hilfe so dringend benötigen."

# Kapitel 8

# Im Vergeben zeigt die Liebe ihre wahre Grösse

Vergeben fällt viel leichter
als vergessen;
aber wenn wir nicht vergessen,
haben wir nicht vergeben.

Mutter Teresa

## *„Vater, ich liebe dich“*

Einmal kam eine lutherische Theologieprofessorin aus Schweden zu Mutter Teresa nach Kalkutta. Im Gespräch erzählte ihr die Frau, dass sie seit ihrer Kindheit ihren Vater hasse, weil er ihre Mutter umgebracht habe. Der Hass saß ganz tief in ihrer Seele. Mutter Teresa sagte ihr: „Es gibt nur einen Weg, um die Bitterkeit in Ihrem Herzen zu überwinden. Gehen Sie zu Ihrem Vater und sagen Sie ihm, dass Sie ihm verzeihen.“

Die Professorin ging zurück nach Schweden und befolgte Mutter Teresas Rat. Zu ihrem Vater sagte sie das erlösende Wort: „Ich liebe dich!“

Später schrieb sie in einem Brief an Mutter Teresa: „Ich habe noch nie in meinem Leben eine so große Freude erfahren wie in dem Moment, als mein Vater mich umarmte.“

## *Das befreiende Wort der Vergebung*

Mutter Teresa besuchte einen Priester, der voller Bitterkeit gegen seinen Bischof war. Sie sagte zu ihm: „Sagen Sie Ihrem Bischof ein Wort der Vergebung. Das ist die einzige Chance, um sich wieder mit ihm zu versöhnen.“

Der Priester erwiderte ihr: „Ich werde nicht vergeben. Ich kann es nicht tun.“
Mutter Teresa blieb hartnäckig und sagte ihm: „Ich werde mit meinen Schwestern für Sie beten.“
Bei ihrem nächsten Besuch bat der Priester die Ordensfrau: „Bringen Sie mir ein Stück Papier! Darauf will ich dem Bischof schreiben, dass ich ihm vergebe.“
Mutter Teresa erwiderte ihm: „Das ist nicht genug. Sagen Sie ihm persönlich: Ich vergebe!“
Der Priester überwand seine Bitterkeit, ging zu seinem Bischof und sagte ihm das befreiende Wort der Vergebung.
„Selten war ich in meinem Leben so glücklich wie an diesem Tage“, sagte später Mutter Teresa.

## *Lernen zu vergeben*

Ein junger Mann kam zu Mutter Teresa, um mit ihr zu sprechen. Er wurde von seinen Eltern und Geschwistern abgelehnt und war tief verletzt. Bitterkeit und Unversöhntheit beherrschten seine Seele.
Mutter Teresa bat ihn, seiner Familie für alles, was vorgefallen war, zu vergeben. „Solange du nicht vergibst, ist Gott nicht in dir. Die Bitterkeit in dei-

nem Herzen wird dein ganzes Leben zerstören. Mach es wie Jesus, der auch von seinen eigenen Leuten abgelehnt wurde!“

## *Gemeinsame Bitte um Vergebung*

In Kalkutta fand Mutter Teresa eine Frau in der Mülltonne. Sie hatte hohes Fieber und den Tod vor Augen. Ständig wiederholte die Frau die gleichen Worte: „Ich bin verletzt. Mein Sohn hat mir das angetan.“
Mutter Teresa nahm die Frau mit ins Mutterhaus und versorgte sie mit ihren Schwestern. Sie betete täglich mit der Frau – mit der Bitte, ihrem Sohn sein Tun zu vergeben.
„Es brauchte lange Zeit“, berichtete Mutter Teresa, „bis ich der Frau mit Gottes Beistand helfen konnte. Kurz vor ihrem Tod sprach sie die erlösenden Worte: ‚Ich vergebe meinem Sohn.‘“

## *Auch so kann Armut aussehen*

In den Straßen von Kalkutta stieß Mutter Teresa auf einen heruntergekommenen jungen Mann. Er hatte eine sorgfältige Erziehung erhalten und mehrere akademische Grade erworben. Dann geriet er in schlechte Gesellschaft, verließ das Elternhaus und verwahrloste.

Mutter Teresa fragte ihn nach seinen Eltern. Er sagte ihr, dass sein Vater ihn nicht leiden konnte: „Seit meiner Kindheit hat er mir nie mehr in die Augen gesehen. Er wurde eifersüchtig auf mich und so ging ich von zu Hause fort."

Mutter Teresa nahm den jungen Mann in ihr Haus auf. Mit ihren Schwestern betete sie viel für ihn. Sie half ihm, nach einiger Zeit wieder nach Hause zu gehen und sich mit seinem Vater auszusöhnen.

„Das hat beiden Seiten geholfen", sagte später Mutter Teresa. „Jetzt konnte das Leben wieder neu beginnen."

## *Gerechter Krieg? Nein!*

Während eines Interviews mit einem Kirchenredakteur bekräftigte Mutter Teresa ihre Überzeugung von der Unantastbarkeit des menschlichen Lebens.

Der Journalist wollte wissen, ob sie der Meinung sei, dass in irgendeinem Fall das Recht auf Leben antastbar sei, etwa in einem Krieg.

Mutter Teresa schüttelte den Kopf. Sie konnte und wollte es nicht akzeptieren, dass einem menschlichen Wesen das Leben genommen werden könne.

„Die Kirche lehrt aber, dass es einen gerechten Krieg gibt", erwiderte der Journalist.

Mutter Teresa schüttelte erneut den Kopf und sagte: „Nein, das kann ich nicht glauben!"

Der Redakteur gab aufgeregt zurück: „Die Katholiken müssen aber eine solche Lehre glauben!"

Mutter Teresa sah ihn an und antworte ihm mit einer Heftigkeit, die man selten an ihr erlebte: „Wollen Sie damit sagen, dass ich nicht katholisch bin?"

## *„Bitte wählen Sie den Weg des Friedens“*

Bevor im Jahr 1991 der Golfkrieg ausbrach, schrieb Mutter Teresa einen flehenden Brief an US-Präsident George Bush und Iraks Staatschef Saddam Hussein. Sie bat die beiden Präsidenten „mit Tränen in den Augen und Gottes Liebe im Herzen“, den Weg des Friedens zu wählen und sich miteinander zu versöhnen. „Kurzfristig kann es in diesem Krieg vielleicht Gewinner und Verlierer geben ..., aber welchen Preis werden die Menschen zu zahlen haben, die gebrochen, behindert und verloren sind?“

Mutter Teresas Hilferuf blieb unerhört. Der Krieg zerstörte das Leben unzähliger unschuldiger Menschen und brachte unsagbares Leid über die Bevölkerung. Als die Waffen schwiegen, baute Mutter Teresa sofort im zerbombten Bagdad ein Heim für verkrüppelte, hungernde und als Waisen zurückgelassene Kinder.

# Kapitel 9

# Beten weitet das Herz

Betet gern;
das Gebet macht das Herz weit,
bis es fähig ist,
Gott, der sich euch schenkt,
aufzunehmen.

Mutter Teresa

## *Rat für einen Politiker*

Ein Politiker wollte gute Vorsätze fassen und bat Mutter Teresa um eine Empfehlung, wie er seine Arbeit besser machen könne.
Mutter Teresa antwortete ihm: „Nehmen Sie sich ein bisschen mehr Zeit zum Knien!“

## *„Sie sollten beten“*

Während eines Fernsehinterviews wurde Mutter Teresa stark angegriffen: „Sie lieben die Armen, und das ist gut so. Aber wie steht es mit dem Reichtum des Vatikans und der Kirche?“
Die Ordensfrau sah den Interviewer an und antwortete ihm:
„Sir, Sie sind nicht glücklich. Irgendetwas verärgert Sie. Sie haben keinen Glauben.“
Überrascht fragte der Fragesteller zurück: „Und wie bekomme ich Glauben?“
Mutter Teresas Antwort war einfach und klar: „Sie sollten beten.“
Darauf erwiderte der Interviewer: „Ich kann nicht beten.“
„Dann werde ich es für Sie tun“, antwortete die Ordensfrau mit einem sanften Lächeln auf den Lippen.

## *Die Macht des Gebetes*

Mutter Teresa war von der Macht des Gebetes und der liebevollen Antwort fest überzeugt. Ein Priester, der die Schwester in Kalkutta besuchte, berichtet: „Ich war unterwegs, um mir die Arbeit von Mutter Teresa und den Missionarinnen der Nächstenliebe anzusehen, und beschloss, sie im Mutterhaus zu besuchen."

Am Eingang wurde der Priester von Mutter Teresa begrüßt: „Gott sei Dank, dass Sie hier sind, Pater, kommen Sie herein", sagte sie.

„Woher wissen Sie denn, dass ich Priester bin?", fragte der Priester, der kein geistliches Gewand trug, erstaunt zurück.

Mutter Teresa antwortete: „Der Priester, der sonst die Messe liest, konnte nicht kommen. Deswegen haben wir zu Gott gebetet, dass er uns einen anderen schicken möge!"

## *Gebet so wichtig wie Benzin*

Auf einer ihrer Reisen machte Mutter Teresa an einer Tankstelle Halt. Beim Tanken schaute sie lange auf den Tankstutzen, durch den das Benzin in den Autotank floss. Dann sagte sie zu ihrem Begleiter: „Beim Benzin ist es ähnlich wie mit dem Beten. Ohne Benzin läuft das Auto nicht und ohne Gebet ist die Seele tot."

# Kapitel 10

# Der gute Samariter

Dem Evangelium folgend,
hat sich Mutter Teresa
zum „guten Samariter“
jeder Person gemacht,
der sie begegnet ist.

Johannes Paul II.,
Ansprache beim Angelusgebet
in Castel Gandolfo
am 7. September 1997

## *Die Businesscard*

Mutter Teresa besaß eine kleine Karte, die sie mit verschmitztem Lächeln „my Businesscard" nannte und an Interessenten verteilte. Auf der Vorderseite waren die Worte „Gott segne Dich" mit ihrer Unterschrift zu lesen. Auf der Rückseite stand ein Spruch geschrieben, der als Geheimnis ihres Lebens für die Armen bezeichnet werden kann:

„Die Frucht der Stille ist das Gebet;
die Frucht des Gebetes ist der Glaube;
die Frucht des Glaubens ist die Liebe;
die Frucht der Liebe ist der Dienst;
die Frucht des Dienstes ist der Friede."

## *Was sich ändern sollte*

Ein Journalist fragte eines Tages Mutter Teresa: „Was sollte sich in der Kirche ändern?"
Die Ordensfrau antwortete ihm knapp und bündig: „Sie und ich!"

## *Das Plakat an der Hauswand*

Am 25. Dezember 1985 eröffnete Mutter Teresa in Manhattan, im Herzen von New York, ihr erstes Haus für Aidskranke.

An die Mauer des Gebäudes hängte sie ein Plakat, auf dem sie ihre „Gedanken über das Leben" niedergeschrieben hatte:

„Leben ist eine Gelegenheit – nutze sie,
Leben ist eine Schönheit – bewundere sie,
Leben ist Glückseligkeit – fühle sie,
Leben ist ein Traum – realisiere ihn,
Leben ist eine Herausforderung – begegne ihr,
Leben ist eine Pflicht – führe sie aus,
Leben ist ein Spiel – spiele es,
Leben ist kostbar – pflege es,
Leben ist Reichtum – behalte ihn,
Leben ist Liebe – erfreu dich an ihr,
Leben ist ein Geheimnis – kenne es,
Leben ist ein Versprechen – erfülle es,
Leben ist Kummer – überwinde ihn,
Leben ist ein Lied – singe es,
Leben ist ein Kampf – nimm ihn an,
Leben ist eine Tragödie – umarme sie,
Leben ist ein Abenteuer – wage es,
Leben ist Leben – erhalte es,
Leben ist Glück – mache es,
Leben ist zu kostbar – zerstöre es nicht!"

## *Fisch oder Angelrute?*

Eines Tages wurde Mutter Teresa von einem Besucher in Kalkutta gefragt: „Mutter, was ist besser, denen, die hungern, einen Fisch oder eine Angelrute zu geben?“ Die Ordensfrau antwortete dem Fragesteller, es sei wichtiger, den Hungernden zunächst einen Fisch zu geben und gegebenenfalls später eine Angelrute.
Wörtlich sagte Mutter Teresa: „Diejenigen, die sich an mich wenden, sind Kranke und Sterbende. Sie sind so schwach, dass sie nicht die Kraft haben, die Rute zu halten. Zuerst ist es also wichtiger, ihnen den Fisch zu geben. Vielleicht sind sie später in der Lage, mit der Angelrute umzugehen.“

## *„Ihr seid Auserwählte Gottes“*

Mutter Teresa hielt eines Tages einen Vortrag für eine Gruppe von Leprakranken und sagte zu ihnen: „Eure Krankheit, euer Leid ist keine Bestrafung, sondern ein Geschenk von Gott. Ihr seid auserwählt, an Jesu Leiden teilzuhaben und es für den Frieden in der Welt aufzuopfern.“ Da zog in dem überfüllten Saal plötzlich ein Mann, der zu ihren Füßen saß, an ihrem Habit und sagte: „Bitte,

Mutter, sagen Sie das noch einmal!" Und Mutter Teresa wiederholte ihre Worte noch drei-, viermal: „Ihr seid Auserwählte, denn Gott liebt euch. Nehmt euer Leiden an – als Dank für alles, was Gott für alle Menschen und für euch getan hat!"

## *Auch das Bittere nehmen*

Eine Schwester erzählte Mutter Teresa: „Ich möchte ein Opfer bringen und keine Süßigkeiten essen."
Darauf erwiderte ihr Mutter Teresa: „Nein, es ist besser, die Süßigkeiten wie jeder andere zu nehmen. Aber wenn dir jemand etwas Bitteres gibt, dann nimm dieses auch!"

## *Der glücklichste Tag*

Der glücklichste Tag in meinem Leben", sagte Mutter Teresa, sei der 3. Februar 1986 gewesen, der Tag, an dem Papst Johannes Paul II. sie während seiner apostolischen Reise nach Indien in ihrem „Haus der Sterbenden" besuchte.
Mutter Teresa führte den Heiligen Vater persönlich

zu den Sterbenden und man sah, wie dem Papst die Tränen in die Augen traten. Er küsste die Stirn und die Gesichter der Leprakranken, die sich aufrichten konnten. Denen, die sich nicht mehr bewegen konnten, zeichnete er ein Kreuz auf die Stirn. Bevor der Papst den Saal verließ, nahm er Mutter Teresas Gesicht in die Hände und küsste sie auf die Stirn.

## *Das Heilungswunder*

Nach dem Tod Mutter Teresas (1997) wird von zahlreichen Heilungswundern bei Gläubigen aus aller Welt berichtet.
Von einem Wunder erzählt der Erzbischof von Kalkutta, Henry D'Souza:
„Kurz nach dem Tod Mutter Teresas war ich auf einer Reise durchs Heilige Land. Da hielt mich eines Tages eine palästinensische Frau an, die mich auf einem Foto mit Mutter Teresa wiedererkannt hatte. Sie berichtete mir von der Heilung ihrer Enkelin, die an Knochenkrebs erkrankt war. Das Mädchen sei plötzlich geheilt worden, nachdem ihm Mutter Teresa im Traum erschienen war. Dies geschah in der Nacht nach der Operation. Die Ärzte stellten am nächsten Tag nur noch fest, dass die Patientin gesund war."

## *Herr, mach mich zu einem Boten*

Herr, mach mich zu einem Boten
deines Friedens,
dass ich dort, wo Hass ist,
Liebe bringe;
wo Unrecht herrscht,
den Geist des Verzeihens;
wo Uneinigkeit ist, Einigkeit;
wo Irrtum herrscht, Wahrheit;
wo Zweifel ist, Vertrauen;
wo Verzweiflung ist, Hoffnung;
wo Schatten sind, Licht;
wo Traurigkeit ist, Freude.

Herr, gewähre, dass ich suche,
eher zu trösten
als getröstet zu werden;
zu verstehen, als verstanden zu werden;
zu lieben, als geliebt zu werden;
denn durch Selbstvergessen findet man;
durch Verzeihen erlangt man Verzeihung;
durch Sterben erwacht man
zum ewigen Leben.
Amen.

*Tägliches Gebet Mutter Teresas und der Missionarinnen der Nächstenliebe – dem heiligen Franz von Assisi zugeschrieben*

## *Mutter Teresas Leben im Überblick*

1910 Agnes Gonxha Bojaxhiu wird am 26. August als Tochter albanischer Eltern in Skopje, der heutigen Hauptstadt Mazedoniens, geboren. Sie ist das dritte Kind der Familie nach ihrem Bruder Lazar und ihrer Schwester Aga.

1928 Mit 18 Jahren verlässt die junge Frau nach dem Abitur die Heimat, tritt der Kongregation irischer Loreto-Schwestern bei (mit dem Ziel, in die Mission nach Indien zu gehen) und nimmt den Namen der heiligen Teresia von Lisieux an.

1931 Schwester Teresa legt am 24. Mai die ersten (zeitlichen) Gelübde ab, sechs Jahre später (1937) die ewigen. Jetzt heißt sie offiziell „Mutter Teresa".

1946 Auf einer Zugfahrt durch Indien am 10. September ereilt Mutter Teresa der Ruf Gottes, ihr Kloster zu verlassen und den Armen zu helfen: „Du sollst wie eine Arme unter den Armen leben!"

1948 Am 2. April verlässt Mutter Teresa mit Erlaubnis von Papst Pius XII. die Loreto-Schwestern, um ausschließlich armen und sterbenden Menschen in den Slums von Kalkutta helfen zu können.

1949 Eine ehemalige Schülerin namens Subhasini Das bittet Mutter Teresa, ihr Leben für die Armen mit ihr teilen zu dürfen.

1950 Mutter Teresa gründet in Kalkutta den Orden der „Missionarinnen der Nächstenliebe“ (Missionaries of Charity).

1952 Mutter Teresas junger Orden zählt bereits 26 Mitglieder. Neben den drei Gelübden des Gehorsams, der Armut und der Keuschheit legen die Schwestern noch ein viertes Gelübde ab: der Dienst an den Armen.

1954 Mutter Teresa eröffnet das erste Sterbehaus in Kalkutta. Es folgen Häuser für verlassene Kinder, Kranke, Behinderte und Verstoßene, bald auch in anderen Ländern.

1963 Mutter Teresa gründet einen männlichen Zweig ihres Ordens: die „Missionare der Nächstenliebe“, die wie die Schwestern Dienst an den Armen tun und – wie es in ihrer Lebensregel steht – „den ersten Christen ähnlich“ sein sollen.

1964 Papst Paul VI. schenkt im Dezember Mutter Teresa den von ihm während des Eucharistischen Kongresses in Bombay benutzten Wagen.

1975 Die „Missionarinnen der Nächstenliebe“ feiern ihr 25-jähriges Bestehen. Alle Religionsgemeinschaften Kalkuttas feiern das Jubiläum mit Dankgottesdiensten, zu denen Mutter Teresa eingeladen wird.

1978 Mutter Teresa nimmt im September am Deutschen Katholikentag in Freiburg i. Br. teil.

1979 Mutter Teresa eröffnet im Juni ihre erste deutsche Niederlassung in Essen.

1979 In Oslo (Norwegen) wird Mutter Teresa am 11. Dezember der Friedensnobelpreis verliehen. Sie sagte: „Ich fühle mich nicht würdig, aber ich bin voller Dankbarkeit im Namen der Armen, der Hungernden, der Alleingelassenen."

1985 Mutter Teresa eröffnet in Manhattan, im Herzen von New York, ihr erstes Haus für Aidskranke. Es erhält den Namen „Gift of Love – Geschenk der Liebe".

1986 Papst Johannes Paul II. besucht Mutter Teresa in Kalkutta und beschert ihr dadurch den „schönsten Tag meines Lebens".

1997 Mutter Teresa stirbt – nur wenige Tage nach ihrem 87. Geburtstag – an einem Herzinfarkt. Die indische Regierung würdigt sie mit einem Staatsbegräbnis. Hunderttausende Menschen nehmen in Kalkutta Abschied von der Ordensfrau.

2003 Papst Johannes Paul II. spricht Mutter Teresa am 19. Oktober in Rom selig (nach dem kürzesten Seligsprechungsprozess der Geschichte). Zu gleicher Zeit feiert die Kirche auch das 25-jährige Jubiläum des Pontifikats des Papstes.

## *Benutzte/weiterführende Literatur*

*Feldmann, Christian,* Mutter Teresa. Die Heilige von Kalkutta. Verlag Herder, Freiburg i. Br. 1997.

*Kornprobst, Roswitha (Hg.),* Beten mit Mutter Teresa. Verlag Butzon & Bercker, Kevelaer/missio, Aachen 2005.

*Maasburg, Leo,* Mutter Teresa. Die wunderbaren Geschichten. Pattloch Verlag, München 2010.

*Mundakel, T. T.,* Der Engel der Armen. Mutter Teresa – Die Biografie. Pattloch Verlag, München 2003.

*Mutter Teresa,* Das Gebetbuch der Mutter Teresa. Hg. v. José Luis González-Balado. Aus dem Spanischen von Anton Ellinger. Verlag Herder, Freiburg i. Br., 2. Aufl. 2004.

*Mutter Teresa,* Komm, sei mein Licht. Hg. u. komm. v. Brian Kolodiejchuk, Knaur Taschenbuch Verlag, München 2010.

*Mutter Teresa,* Nur ein Lächeln. Aussprüche zusammengestellt von Roswitha Kornprobst. Kanisius Verlag, Freiburg/Schweiz, 3. Aufl. 1992.

*Mutter Teresa* von Kalkutta, Ein Weg zum Lieben. Meditationen. Hg. v. Seán-Patrick Lovett. Verlag Neue Stadt, München 1983.

*Mutter Teresa,* Wir sind Boten der Liebe Gottes. Worte geistlichen Lebens. Ausgewählt von Reinhard Abeln. Verlag Butzon & Bercker, Kevelaer 2007.

*Mutter Teresa,* Wo die Liebe ist, da ist Gott. Die Aufzeichnungen der Heiligen von Kalkutta. Hg. v. Brian Kolodiejchuk. Pattloch Verlag, München 2011.

*Mutter Teresa,* Worte der Liebe. Mit einer Einführung von Malcolm Muggeridge. Verlag Herder, Freiburg i. Br. 1977.

*Sprink, Kathryn,* Mutter Teresa. Ein Leben für die Barmherzigkeit. H+L Verlagsgesellschaft, Köln 1999.

Friede beginnt mit einem Lächeln.
Lächle fünfmal am Tag einem Menschen zu,
dem du gar nicht zulächeln willst.
Tue es um des Friedens willen,
denn jedes Lachen vermehrt das Glück auf Erden.

Mutter Teresa